AF599913

XIO WALTON

PAYANAS

Xio Walton

Payanas

Prólogo
LEANDRO GABILONDO

HUERGA & FIERRO editores

COORDINA
HIPÓLITO GARCÍA FERNÁNDEZ, BOLO

Diseño de Colección: Huerga y Fierro

Primera edición: 2024

C/Sebastián Herrera, 9
28012 Madrid-España
Telf.: 91 467 63 61
www.huergayfierro.com
huerga@huergayfierro.com

I.S.B.N.: 978-84-128698-8-0
Depósito Legal: M-12316-2024
Impreso en Romadac Industria del Libro
Impreso en España/Printed and made in Spain

PRÓLOGO

Las circunstancias de nuestros destinos nos ubican en tiempo y forma. ¿Quiénes somos? Ni idea, pero somos, avanzamos sobre territorio desconocido como un hornerito que hace su nido en cualquier poste de luz. Eso sí, el nido, la obra, le corresponde a una sola esencia. Sucede porque sí, hay una fuerza humana, incluso divina, que nos otorga una distinción, una especie de carnet único de la idiosincrasia. Y aunque las respuestas sean estrictamente concretas, vale la pena preguntarse lo que nos late. ¿Cómo se siente en otra cultura? Se siente. ¿Cómo se escribe en otra cultura? Se escribe. Las tradiciones emocionales nos acompañan estemos donde estemos, pero mantenerlas como el eje de nuestra vida es una decisión. Xiomara Walton es de Pergamino, ciudad de la provincia de Buenos Aires, Argentina, y si bien puede ser un dato común y corriente, un dato que no nos aporte nada como lectores, es un dato que nos otorga una revelación, una gracia, un color, el de Payanas, *un poemario ecléctico que al mismo tiempo es un manifiesto, con versos que hacen equilibro entre el aire madrileño y el aire bonaerense, el aire del llano, de las casas bajas, del mate de dos señoras en la vereda sentadas en una reposera. Ahí está este libro, en ese lugar tan recóndito de lo simple, en esa heterogeneidad tan particular y a la vez tan sencilla, con lo complejo que es abarcar ese mundo. Por eso mismo, Walton insiste: "No puedo escribir la sencillez / y eso me agota". Le parece poco, entonces reafirma su duda tan certera: "Me esmero por traducir lo simple". En esa dirección nos lleva este libro, en la búsqueda de un vientre en el que ya estuvimos, estamos y vamos a estar. El acto cero. La reacción inicial. Lo que nos excede y nos convoca. La poesía.*

LEANDRO GABILONDO

a Nosotros

Un hombre no puede aprender aquello que piensa que ya sabe.
Aristóteles

Payanas

¿Es lo bello de la piedra brillante
o es el reflejo de nuestro rostro excitado al descubrirla?
William Butler Yeats

Un patio partido por las raíces de los árboles de pomelos, la cara Lila de mi abuela, dos criaturas mágicas llamadas hermanos, un padre, una madre, el día y las responsabilidades, otro gato que se va y no vuelve, otro perro que despide el patio. Y vuelve el patio a ser mío y mi padre mío y sus manos levantando piedras como si fueran tesoros, 'lo más redondas posibles' dice, que sean cinco y las coloca del mismo modo que cuatro policías rodeando a un bandido./ Se miran las cinco, no lo creen pero se ven iguales, las cuatro piedras se dan cuenta que la del medio es como un espejo y empieza el juego.

PIEDRA I

Piedra I

Estoy mirándole,
el océano allí lejos no quiere ser cementerio,
pero no tiene más destino.
Mil doscientos ojos miran con esperanza
huyendo de ver lo que observan cada aurora.
Una bomba está cayendo,
no voy a presenciarla pero sé que existe.
Las bombas están muy lejos de mí.
El océano es inmenso.
Hemos tenido suerte,
mucha suerte de nacer sin miedo
aventurándonos a todo
pareciéndome que no hay peligro.
Pero mirar más allá del océano es preciso.
Aquí en mi casa,
mi hijo mira por la ventana,
la cortina está blanca,
el atardecer bueno.
La gente va de compras,
a veces regresan con zapatos
y otras descalzos.
La gente es de muchos colores por aquí.
Estoy mirándolos.
Hay un vientre que no quiere dar vida.
Todos nacemos para morir.
Pero, de la aceptación de las circunstancias
de la diversidad entre esas dos constantes,
del tiempo en que mis manos te acaricien...
/Porque entre esos dos puntos
quieres ser acariciado/
está tu éxito.
Tal como aceptas la ley de la gravedad,
te acostumbras a no flotar
y
a
no caer.

Enumeración de Ausencias

Me miras largamente como a Anna Ajmátova
mientras te acuestas a mi lado y me tocas.

Sé que le habías contado lo de su casa vacía,
a Dante lo del infierno y que a Jorge le tomabas
porque se le iban oscureciendo los días.

Aún en los días de más luz hay mucha muerte.

Qué me cuentas a mi tú que me quieres,
que has venido de nuevo a besarme completa,
a charlarme en las noches, a reírnos de aquellos
que se ondulan en sueños como mares sin nombre.

Ja! me dices que Julio te ganaba en Rayuela
y por eso nos desplegó el Bestiario
cuando le maduró el nombre,
todo cae cuando pesa.

Jugando a Payanas con mi padre en mi infancia,
en el patio de tierra, sé que me mirabas y
me perseguías en sueños y al despertar estabas.

Me contabas de hombres
que han llegado tan lejos que se hicieron mujeres,
no buscaron regazos ajenos donde enmudecer el egoísmo del duelo,
lo llevaron consigo hasta salirles mieles por la boca.

Me charlas de la conciencia de mi género
que disfruto hasta el agudo,
sorprende lo enorme que nos hacemos
cuando comprendemos lo sutil,
lo frágil, la muerte con la que crecemos.

Aprendemos a hacer nuestro alimento
y nos vamos, todo cae según su peso.

Entra 'Estro', que ya estamos unidos,
ya puedo desplegarme, caeremos*.

*En francés arcaico se llamó *choir* —derivado de *cadere*— al acto de caer, y más tarde, *chance* a la caída de los dados, con lo que esta última palabra adquirió el sentido de 'azar' y, luego, de 'oportunidad'. *Chance* sólo ingresó al castellano en el siglo XX, como vemos en este texto de Rayuela (1968), de Julio Cortázar: '[...] enderezarse y empezar a caminar entre las florcitas del jardín y sentarse a mirar una nube nada más que cinco mil años, o veinte mil si es posible y si nadie se enoja y si hay un *chance* de quedarse en el jardín mirando las florcitas.'

Gran Otro

El amor consiste en aspirar a que lo bueno nos pertenezca siempre.
PLATÓN

La especulación y aquí estoy
replicando lo que creo,
tal vez no será lo que promuevas,
tú verás.

Dices que el discurso de la vid
y la aprobación de los iguales
te remueve.

No me regaló el libro
que supuestamente le inspiré
soy el escalón y las cosquillas,

¡Já!, los comediantes
y los veinticuatro cuernos
rodeando los bautizos,
alguien que lee en el metro,
la donación de bits y lo amarillo.

El mismo sueño que dice ser señal,
la hora espejo, la tos de otra abuelita,
el espiral del silencio, el sincericidio que
se disfraza de justicia, la espera
de la guerra.

Ya está,
ya he logrado saber lo que es El Amor
y me han dejado decirlo ipso facto,
para los valientes y los demás.

Sé que el Gran Otro lo sabe
e ignorante lo replica.

El amor es
y dice:
todo lo que das se multiplica.

El Instinto del Lenguaje

Conversar es hacer el amor con las palabras.
DIEGO RUZZARÍN

Tuve enjambres de amor por todo el cuerpo,
las mieles han atraído a millón y una boca
a mil lenguas que acercándose a lo dulce
de mis flores malvas, fueron inyectadas
por el aguijón que defendiéndose
también ha muerto.

Lo muerto ha anidado mil gusanos,
un pozo de mariposas es ahora mi centro,
mil alfiles en la orilla las custodian
y tienen prohibido un definido movimiento,
exceptuando que venga el enemigo
queriéndome quitar la alegría de lo cierto.

Si cuento nueve meses hacia atrás
oigo la risa de mi madre engendrándome
un enero, fui libre de su carne, pero
necesitaba los límites de su vientre
para madurar mi octubre y verme.

Reconocerme libre en mis limitaciones,
en las definiciones de la otredad
que perpetúa las creencias
en su aparato ideológico, otro vientre.

Ahora vienés tú, enorme como un niño
con una banda blanca y con la boca blanda,
tienes enjambres de amor en todo el cuerpo
Erich* ha dicho que
'la palabra, es la piel de las ideas'

Conversemos.

*Steven Arthur Pinker / Erich Fromm.

Sophia

Tengo ganas de decir Laurel.
El guiso de mi madre
que aprendió a hacer
a fuerza de quemarse
el fondo de la olla.
Tengo ganas de decir Árbol
que es precioso
y se crece
y se le mueren
mil otoños las hojas,
y sigue.
Tengo ganas de decir Dios
y que viene de Zeus
y de de día
y cada uno
lo vive como puede.
Tengo ganas de decir Mujer,
entonces digo etimología
y expreso el blando
y femme.
Tengo ganas de decir Hombre
y digo valentía
y un pequeño martillo
que se yergue.
Tengo ganas de decir Amor
porque lo descubrí
muy pronto,
es un recurso infinito,
cuando más lo usas
más posees.
Tengo ganas de decir Poesía.
"Sé exactamente qué es
pero...
si me preguntan qué es
no lo sabría"

Agenda Histórica

Balcanizame el corazón, morir gorriones,
reventar la gangrena en los ríos turbios
de la mente.

Añusgarme bajo el barro entumecido.
Encallar mi crucero que venía de fiestas
y de evasiones urgentes.

Otro susto.

Más callos en defensa de lo hostil,
para caminar descalza hasta en lo duro.

Agendar otra noche conmigo misma
donde contemplamos lo que vale el mundo,
y nos estimulamos llamando 'tonto' a éste sistema
sirviéndonos de él un poco porque hay mucho.

Te muevo con dialéctica porque el color,
el color no entra en todos lados
El búho de Minerva* va a pasar y habrás vivido.

Apunta en la agenda histórica otra peste
para el humano dócil y para el que:

¡Ay del que se haga inmune!

Y te descubro peón de tu terca suerte

¿Será el intercambio del papel dinero
lo único que de verdad nos une?

*El búho de Minerva sólo levanta el vuelo en el crepúsculo (Hegel).

El frágil vínculo de los humanos

No llama mi atención
la marca de tus zapatillas,
tu droga para bancar el trabajo,
el barrio donde pagas caro el pan,
la gente a la que le sonríes
para ganarlo.

Tus alas de Ícaro.

A mí me asombra
el frágil vínculo de los humanos,
la omnipotencia de Sor,
mi cóctel de Theriaca
o el sol que cayó en África.

Me asombra ese que me lee
y me sabe los símbolos,
y me asombrará por siempre
la ingenuidad de Borges.

Los que pueden restregarse
por los cuerpos con firmeza
como felinos en celo.

Los labios tuyos filigranados,
el alterno color que te completa,
tu reflejo de cuerpo entero,
todo en mi rostro.

¿Soy yo la fuente sin fango
de la que había hablado Ovidio
y te habrás mirado en mí
en tu desconcierto?

Me ha inquietado
estudiar 'el principio de la vela'
hacer bailar mi barco
en la marea,
los que No se sorprenden
en la fábula de Cristo.

He escuchado un avión
y no sé si es de guerra
o va llena de trotamundos,
pero igual, al cielo miro.

He escuchado que ríes
y aunque no te veo
igual miro a mi lado.

Sé que el sonido viaja
más rápido que tu luz.

La fruta de Shirohige

Voy a untarme un pan con la sustancia de Spinoza

y hurgaré en la espalda del pirata Barbablanca
Shirohige.

Voy a besar en los labios a La monja Jerónima.

Recorré los caminos Lorquianos.

Nacer es venir a Madrid.

Morir, aún no lo sé.

Expandiré la efervescencia para comprender:

El paraíso está cercado, es sólo para algunos,
yo poseo el resto.

Vivo sucia en la mantecosa saliva
del que me mira cómplice el bocado,
y es la envidia, no el silencio, la razón
por la que retumba en todo el pueblo
el acto manso de probar sabiduría.

Tener, podrás tener mucha *pasión de ánimo*,
el aberrante músculo acelerándose,
prendiendo el fuego, pero...
el amor, el amor es manso, tenue,
se acomoda en el regazo de los sueños.

Pleonasmo

Hay gente a la que le cuesta irse de tu vida,
se pasea en modos de otras gentes,

hay lunares que tienen la misma forma,
el mismo lugar donde anidarse.

Hay bocas parecidas en sus pliegues.

Besos que van y vienen
con la misma urgencia que las olas.

Agitando el tiempo,
dando vuelta la arena
que empieza otra vez a desgranarse.

Siempre eres el mismo recipiente.

El mismo juicio en el espejo,
el mismo último asperón que te detiene.

En el Labor

Huyes de la abeja, pero no te detienes
en la horrorosa inmensidad de la flor
que le atrae, destinada a perder en el labor
su fuerza y sucumbir en sus pistilos delicados.

Tienes pánico del tigre
que se pasea furioso de lado a lado,
pero no ves la robustez del hierro que le ciñe.

Le tienes pavor al milagro de la muerte
y te fatigas ante la incertidumbre
de la materia oscura
que te atraviesa la carne y no te inmutas
porque no es igual a tu materia.

Cómo se sentirá, pienso,
tu cuero sólido atravesando su natura sublime.

'Le tienes miedo al violento río

pero no al lecho que le oprime'

¿Le temes al amor que en éste mundo es un niño
que aún tiene mucho que aprender y sólo juega?

Te acobardas ante lo 'oscuro'
aunque lo que duela sea la 'luz'
que le revela.

Par(t)ir

Mi alma
si un poco huele a muerte
es porque al partir
mueres un poco
SUBMARINO

Parto: El vientre de mi madre
me ha parido, me ha soltado,
nos hemos partido en dos
y seremos siempre una en
cualquier parte.

Parto: No voy a cicatear
mi amor mientras ando,
mientras crezco me alejo
de éste mundo, me desconocen
todos los que me han conocido.

Parto: Me voy conociendo
yo mismo, partir es la ley primera,
vamos degustando los destinos.
Parto para que me sigas,
seré barro, flor, camino.

Los hombres de mi raza no han llorado. Eran de acero.
ALFONSINA STORNI

PIEDRA II

Piedra II

Cuando despertamos a conciencia
y no sé cuando despierta cada uno,
porque ay los que no despiertan
y mueren anestesiados.

Creer por creer y cada uno crea.

Yo creo en lo que estoy viendo:
En el barco que llega del océano
y atraca en la misma tierra que piso
y de la que no soy.

Como ellos que no son.

Pero sí lo son.

Lo son, sí.

¿De dónde es que somos
si no es de aquí?

De éste gran vientre partido
que se niega a atarse las trompas
para gritar ¡libertad!.

Horror Vacui

If you are going through hell, keep going
WINSTON CHURCHILL

Deseo ser *Nada*
pero no hablo de quebrar en millones de estrellas,
romper en partículas de luz minimísimas
que se expanden en el aire ordinario que respiras.

Digo lo *No, el vacío*
Que mi padre y mi madre no condensaron
en átomos que ansiaron ser átomos
y se unieron en sistemas auto preservados,
que conservan la antropía.

Todo lo que soy está conformado de los libros
que todos los que estuvieron antes de mi
han leído, sus definiciones y *metáforas,*
olvidos.

Deseo la *Nada*
con hambre de sabores
que no sepa de sabores,
ser lo que no sé cómo es el *Ser*
en éste plano tan incierto.

Me agotan los símbolos,
los registros fenomenológicos,
las figuras horteras
a las que te inclinas.

Quiero de aquello que no he podido imaginar
porque es demasiado real para sentirlo.

No interpretativo por tu límite carnal.

¡Anhelo invertebrarlo!

Leerme es un hecho, no es tu imaginar,
es la noción de *nuestro abecedario.*

Aspiro la *Nada.*

Mi cuerpo es todo *espacio,*
tu horror vacui te nubla.

¡Vén!
Muévete en él, busca en mi tobillo
la mordida de los bárbaros.

No hallarás en mi ombligo el bien ni el mal
es un trozo de antigüedad que sabe a musa.

La justicia según Heráclito es luchar,
he llegado a mil acuerdos con mi lucha.

Necesito de la *Nada* nada más,
sólo en el camino despejado me verás,
en lo hondo
mi mirada que te busca.

Fenomenología

Todas las criaturas marinas en su pequeñez,
soportan el inmenso peso del mar.

El tiempo de la luz hace ínfimo el tiempo de la tierra,
por eso viajo montada en la nao fálica y blanda, blanda y laxa,
laxa y moldeable
según el antojo de mi cuerpo.

¡Soy mi cuerpo Baruch!

Si quiero ir a lo banal voy y vuelvo, soy jocosa
y filósofa porque puedo,
todas tenemos un origen originado en alguien
que no conocíamos cuando nos puso el nombre.

Me quedo sólo con lo que me gusta,
me gusta tu temblar insoportable.

Greene escribe que 'lo masculino produce
y lo femenino seduce', si sólo produces no te encuentras.
Complementa.

Yo creo y el fenómeno aparece.

Husserl supo que puedo cambiar las circunstancias.

Un pez, al verte en sus aguas,
¿Tendrá el mismo miedo que yo?

Cuerpo de Fragata

No sé dónde llegaré por donde voy,
porque es frondosa la oscuridad
y no he preguntado el destino.

Voy porque soy libre
y la libertad no es precisa.

También te bifurca conceptos,
te posee y se encierra en ti,
te mide, te cuestiona y se pierde.

Hay un pasillo en Roma
oscuro y húmedo,
otro en Manhattan
y otro en Buenos Aires.

Son el mismo.

En los tres me he perdido
corriendo a huida de plomo
a ruido de miedo,
a miedo de muerte.

Hay demonios en San Cebrian
que son los mismos que se alojan
en la localidad de Obligado
o en Carahue

Canta el gallo.

Los demonios se escurren
hacia éste pasillo donde estoy,
donde estás, donde todos estamos.

Se escucha el susurro de un hombre
y el grito de una mujer,
él le pide que no chille
porque le hace daño en los oídos

pero en realidad, no quiere evidenciar
la atrocidad de lo que le dice en secreto:

Isabel tapió por miedo
la cueva con argamasa y piedra
y dejó atrapada esa luz
a la que llamaron Demonio.

Era la Libertad
que también tiene nombre de mujer,
cuerpo de fragata
y grito agudo.

Barco

Soy mi propio verdugo,
al que busco con afán para tortura,
soy la que me resisto a alquitarar en mil placeres.

Soy el trozo de papel en que me esbozo,
me título, me narro
me tacho, me rasgo y me quemo.

¡Qué mal, qué mal me escribo!

Me borro.

Soy el verso que olvidé
 inspirado por el beso de alguien
que me amó y lloró cuando con desdén le volví el rostro.

Soy el tren que no volvió a pasar por un pueblo empobrecido.

Me hice tumba y me hice árbol.

Soy cuerpo de barco.

Hay un mar que me mese,
que me lleva, me hunde,
me naufraga, me devuelve...

Tú, el mar.
Yo, la que navegarte quiere.

El rumor del Duero

Me expulso de mi casa como si una voz me invocara salir,
tal cual a un demonio en un cuerpo corrompido,
me abstraigo,
un trémulo me vuelve hacia un tiempo parecido a todas las guerras,
a todas las violencias y las oscuridades frondosas que grita la hiel que llevo dentro.

Te encuentro ahí, te observo a los ojos que nunca me miraron
porque tu estructura neuronal no lo permite,
entonces me veo en ellos y me beso,
el umami me presenta en nuestro beso
la misma cadencia con que se abren una a una las rosas en el rumor del Duero,

y a su vez el músculo aberrante que nos maquina,
se acelera como si fuera yo aquél que buscan unos gallardos soldados,
practicando puntería en el mismo paredón tras cuál me escondo.
¡No sé porqué me escondo si en realidad quiero ser libre!

Y morir... que es otro estado más de nuestro encierro.
¡Ay mi alma! que llevo y que es eterna
que va intentando extinguirse
dejándose romper beso tras beso,

confundiéndose entre los placeres que entretejes,

con mil soldados esperando a tu orden: preparen, apunten, fuego...
y entendiendo apenas, que yo sólo soy
ese mismo paredón que me protege.

Red

Mira los paisajes que yo veo:
va marchando por el bosque un tren infinito.
Nunca vuelve, avanza siempre, para en todas las estaciones
por si a caso alguien quiere irse lejos sin saber como se siente.

Mira esa mujer que va en el último vagón,
tiene medias de red, los labios red, susurro hipnótico en su boca
y una lágrima le atraviesa la mejilla, mientras mira el pasar
fantasmagórico del cielo.

Mira las luces que yo veo:
El tren se para y sube un pasajero con una maleta llena de sueños,
sueña que se marcha, busca un asiento.

[Ahora ella le ve y le reconoce, lo había perdido en la resistencia extravagante,
él se para justo frente de su rostro]:

—Buenos días, ¿me puedo sentar aquí?
—Claro, adelante.

Él la observa, le da un pañuelo, ella se seca la lágrima.

Sienten que el tren va a detenerse, él le extiende la mano
y bajan en la siguiente parada, ella eleva su mirada al cielo,
las nubes ya no corren incesantes, se iluminan, bailan.

Saben que ese que se fue es un tren que nunca vuelve,
se quedan en una atmósfera de credo.

Que tu entorno también puede ser un lugar inhóspito,
eso lo sabes, el secreto es ser hogar,
dirigir a los ojos de quien lo habita, tu mirada.
Paula Hawking se pensó ese cuento,
¡Vive! deja de mirar por la ventana.

Simone dice*

Hay un entorno que me habita, me sirvo del él, lo recorro, aprendo.

Mira Simone,
los poetas y los presidentes
se cuelgan del nombre de un jugador de pelota
para que les miren.

La moralidad no es dada a dios ni a las máquinas
y porqué le es concedida al hombre, preguntas,
te digo que porque somos dueños de los otros dos.

Lo moral eleva el ejercicio de la libertad
que es la existencia, crear es materializar lo planificado.

La improvisación no es libertad me dices.

Los niños no eligen... juegan,
no son libres.

Todos lo que utilizan a la humanidad como medio,
al prójimo como objeto, están condenados a la soledad.

*Simone de Beauvoir.

El Encandilamiento

A veces me he parecido a aquellas
que han visto muchos amaneceres, muchos mares
y muchos templos imponentes por el mundo
y *aún así* tienen un vacío aún más *ancho* dentro suyo.

A veces me he parecido a aquellas
que van rozándose por muchas pieles,
muchos cuerpos y sin embargo su soledad es tan *inmensa*
como la sensación de caer desde la altura
a la que solo lleva aspirar el blanco.

A veces me he parecido a aquellas
que quieren tener mil bolsos y en ninguno
les cabe la *gran* inseguridad púrpura que cargan en los brazos.

Hay sitios donde ya estuve,
donde te veo pasar con alegría como si fueran nuevos,
y tal vez *lo son* porque estas tú en ellos,
te observo y concluyo que *sí*, nunca estuve aquí
donde me rompo a gusto, donde llevas el tiempo en el pecho
y lo gestionas hasta el *encandilamiento*.

Nunca estuve aquí por donde pasas tú
y confieso que se me hace lejos, pero digna del sur,
digna de mí en ese sitio donde siempre quise ir. *Estoy*.

Concientización

Mientras vienes caminando hacia mí
arden los bosques, caen las bombas,
una persona miente en algún idioma
y otra vierte lágrimas en su despecho.

Mientras bailas conmigo hay un templo
que erecta sus paredes como tótem,
un pintor da pinceladas a algún torso
y el dorado de los trigos se hace pan.

Mientras se siga moviendo el mundo
vulgar y tan común
como siempre
tendrás que soltarme,
porque hierve el mar

y necesitamos frío,
para pedir fuego.

Silencio de negra

Otra vez el mismo poema que se repite y
da vueltas sobre el mismo color 𝄽 color
el mismo tema.

Si sobrevuela es porque hay peligro de caerse
la misma acidez 𝄽 sus flashes 𝄽 sus gustos
y no crece.

Otra vez la misma casa enorme y torcida
de patios verdes 𝄽 flores de injertos y mil comodidades 𝄽
su grifo de oro de donde no sale una gota hasta el próximo verano 𝄽
ya no hierve.

La soledad con olor a infinito universo de Asterión
encontrándose uno mismo en los pasillos huecos de la mente.

Hay quienes dicen que un poema no es relamerse
en el gusto del relato 𝄽 francamente 𝄽
qué poco tienen que contar algunos sobre el amor y la espada 𝄽
sobre el hijo y la nube 𝄽 sobre una carcajada.

Y entonces qué dicen de dragones y de dioses 𝄽
de la infusión de la mañana 𝄽 presumiendo de lo humilde 𝄽
de los miedos infantiles y el amigo invisible
que se olvida al madurar 𝄽 No cuentan nada.

Es complejo hablar cuando en el arte de la charla
hay que hacer silencio porque crece el Yggdrasil
sobre las tumbas y ellos 𝄽 ¡Ay! siguen hablando del ladrillo 𝄽
de los trapos con firma y apellidos 𝄽
qué pena dan los dioses que buscan mi obediencia 𝄽
muerdo el fruto 𝄽 les contemplo.

Lo que me conmueve me conduce
LEANDRO GABILONDO

PIEDRA III

Piedra III

Aún no puedo ver más allá,
por eso no puedo explicarte
quien nos eyacula sádicamente.

Sí puedo decirte
el nombre de nuestra antigua gestadora,
la que nos mece dulcemente
y nos alimenta hasta sentirse madre,
hasta sentirse inmensa;
mirándonos cuando vemos por la ventana.

La cortina blanca que se mueve al aire,
la gente que se balancea en los días.
que va,
que viene,
que ríen a asquerosas carcajadas,
que dan voces estridentes
y lloran sus desgracias como bebés.

Se creen que luchan
pero no hacen más que someterse.

Nuestra madre.
Esa que está en la cocina haciendo el cocido,
picando cebolla con lágrimas
que no son de cebolla.

La madre que parió "une niñe"
que vuelve a aprender a hablar,
porque antes éramos un género
y ahora somos

I n f i n i t o s.

Llora y seguirá llorando
porque el barco viene,
y vienen muchos barcos
parecidos a los que se fueron llenos ayer.

Y no sabemos dónde van las bombas.

O si seguirán.

¡Venid!

Convocatorias

Vuelve el hombre de la guerra
que aturdido, que viciado, tonto.

Vuelve el hombre de la guerra
no conoce a su familia, a sus hijos,
no comprende de la paz, ¿hogar?
simultáneamente le extrañaba.

Le extraña, es otro hombre.

Vuelve la guerra y el hombre
que viciado, que tonto, que no
sabe otra valía que su fuerza
superflua y débil de hombre,

dice de valores y banderas
dice que morir es lo que debe.

Guerra, Dios y Patria
tres convocatorias para débiles.

Alquimia de lo Absurdo

Greta grita utopías desde un yate de lujo.

Hay un hombre que no quiere ser abandonado
pero ama a una mujer que quiere irse.

Hay una socióloga que llora
porque no sabe hacer amigos.

Hoy están de moda todas las modas.

La gente lee 'poesía'
porque no tiene tiempo de leer.

La psicología sigue siendo privada.

Ya vivimos todos los idealismos y
hemos tenido todas las fe.

Venecia tuvo que construir un muro flotante
porque se hunde.

Mar del Plata, Bs As. no tiene guerras
pero desarma su costa buscando petróleo.

Lacan dijo 'La mujer no existe'
y a pocos importa qué significa.

La filosofía se basa en el no saber.

Platón nos dió 'El banquete'
Y tú aún te preguntas qué es El Amor.

Río porque ya lloré.

Morar

La nota que desentona tu melodía,
tu nuez de Adán al apretar saliva,
tu quedarte pensando no en la luna
no en la glicina y su olor maduro
no en el roedor y su destino cierto.

Ese instante en el que ves decrepitar
el todo, la robustez absuelta como niña,
tus labios no riendo no creando
no rezando, no poesía, el miedo
la inquietud, la osadía, no el control
ni el desapego tan cordial, tan ordinario.

Tus dedos rizando tu pelo que jamás
será rizado, déjalo, ya la compostura,
ya el hedor de lo no hecho, no el encanto,
ser todo eso que habías dicho de no ser.

Es evidente que no puedes con lo amargo
pero es así el jarabe que da cura, ¡tomarlo!

La antigüedad tardía

El sesgo católico, el tono arrogante,
el algoritmo que decide echar a humanos,
el humano que está sometido al algoritmo.

Eso que se inventa
porque está aburrido
y luego más se aburre.

El DNI que le dice que es humano
el domicilio que tiene para tener DNI
para poder poseer cuenta de banco,
para poder hipotecarse
si es que el algoritmo dice que es solvente
para endeudarse.

Trabaja como un humano
apuesta como un humano
para que su moneda virtual valga
según los muchos clics
y se desmorone al siguiente instante.

Critican la tecnología
cuando ya estaban sirviendo
a otra materia para sentirse
humanos, para llamarse civiles,
para ser insertos en el mercado.

Capacidad de trabajar bajo presión
romantizando números para dormir tranquilos,
hablando del automatismo de las bestias
y del ridículo dios antropomorfo

un dios* con cara de humano, con cuerpo de hombre
y hecho con el mismo misterio que la muerte.

*Figura de cualquier materia a la cual adorar y someterse con fe y obediencia.

Canta el Gallo

No duermas Alectrión,
cumple tu encargo,
que no quiero oír tu canto
monstruoso en la mañana.

¿Qué condena básica es que tienes?

El dinero, el desamor, el pasado.
¿¡El pasado!?
Ya es el futuro

¡Mira!

Es el futuro

No vuelvas a temer como un pagano.

No me hieras con los miedos
de mancebo irresponsable,
enquístate en el cuerpo la experiencia.
Son riquísimos tus páramos.

Conquístate.

Encumbra tu pasado.

¿¡Pasado!?

¡Mira!

Ya eres fruto

Ya es futuro
Ya es futuro
Ya es futuro

Patas Chorreadas

Tengo puñales dentro
amenazando salir
van a sangrar, van a sangrar.
Hay libros que son una puerta
y hay puertas que son un mar,
algunas almas las abren
y el destino de las que se van,
es parecido al de las que se quedan.

En el árbol histórico,
la hoja que más se eleva acariciada por el sol,
depende de las raíces hundidas en su tierra.

Allí en una cueva oscura, sale una criatura pequeña,
que ha secado a sorbos el pecho de su madre,
chilla, nadie le responde.

Se chorrea las patas con orina sana,
riega el suelo, todo se verdea y se florece.

Yo soy la hoja vulnerable.

Ahora eres extranjero en tu propio mundo.

Te dieron sueños para dormirte
y cuando despertaste tuviste hambre.

Jugaron con tu necesidad para reírse,
hace efecto, hace efecto.

Te dan una casa que no tiene tu nombre,
tu nombre lo lleva una deuda:
limosnas, limosnas hombre.

Patas chorreadas de agua,
que no es potable
y esa vieja costumbre de no comer por costumbre.

Hay monstruos que no están en las pesadillas,
son los que no mienten por ignorancia
sino por placer y ahora te gobiernan.

Tu sangre está homogénea pero no pura,
mientras naces sin que lo notes, se te revuelve,
se te revuelve y dentro tienes puñales que van a salir
y van a sangrar, van a sangrar.

Soy un reino de huestes que luchan entre sí,
para sentarse en el trono de mi mente.

¡Noticias!

¡Oh Lilly!
tu tilde azul que tiende a rojo,

oh los puentes que se caen como un regalo
de cumpleaños y Francesca sigue creyendo
que hay que ensuciarse en lo nuevo.

Ha muerto Latour y nunca vió la modernidad
en éste mundo.

Oh los votos que siguen entre los mismos
pero las hormigas, pero el actor-red, peros.

Oh los solecismos que siempre aplicarán
da igual las instituciones.

Oh el pueblo que obedece a dios,
al que ahora llaman algoritmo.

Oh insensatos, nadie ve con claridad que
prospera en forma de otras plagas la filoxera.

¡Oh Pablo! hasta luego, tu humedad nos quedará
en la carne del infinito.

Oh todas las variables de la verdad
como ésta realidad mundial
que siempre dará igual
aunque la diga en forma de poema.

Algoritmo

Me siento caer [a-(b)]
como cae un organismo que muere
y como muerta la masa, pesa. |

El silencio y el duelo tuyo
es un grito de horror
y me penetr@, (delete) lo quito.

^
pooSH

Caigo,,,,,

porque ahí debajo de éste barco
que se hunde,
hay un océano que lleva mi nombre.

(VAR)

Yo misma lo he creado
como en el Minecraft,
_cojo agua
la coloco_ me hundo al misterio/

Vivo_!

*camino-mato-como-creo.

#User_comandos Ent

soy hacker
del mundo entero.

Hogar

Quédate así, sin revoque,
rústico, inconcluso,
mira la belleza de la ruina,
consérvala.
Los cimientos son de arena,
los ladrillos son de arena
el cemento es arena,
los que vivimos dentro de la casa,
arena.
Somos un océano erocionando
nuestro propio templo.
Somos un obrero pegándonos
con barro, haciéndonos los muros,
y luego la bola de demolición
haciéndonos pedazos.
Somos el único hogar que moldeamos
y nos llevamos a cuesta.

Road

Mira ese camino que yo veo
va pasando por él un joven en bicicleta,
la humedad cala la tela de su ropa
el cuero de los zapatos, los pies fríos
y los dientes que tiritan en su boca.

Mira esa muchacha encima de su bici,
va rodeada por sus brazos, la tez de fe
los labios de haber besado toda la noche.
Le mira, él sonríe, sus piernas delgadas
aceleran el camino, no sabe hacia dónde.

Una lágrima rueda por la cara de ella,
tan rápido como el aire que atraviesa
— tranquila mi amor, tranquila
todo es una aventura aunque no parezca.

¡Ya lo dijo Roberto Benigni, la vida es bella!

¡La vida es bella!

Debes permanecer borracho de literatura para que la realidad no pueda destruirte.

RAY BRADBURY

PIEDRA IV

Piedra IV

Cierro los ojos,
me encuentro en una casa cualquiera,
en una mesa cualquiera
y más allá, a unos pasos de mí,
una mujer morena,
con los cabellos recogidos,
que llora en la cocina rebanado cebolla
y disimula el sobrecogimiento real de su miseria.
Nos repite varias veces a mí y a mis hermanos
que se arrepiente de habernos parido.
¡Abro los ojos!
A veces pienso que la gente es muy cobarde.
Son cobardes para tener un hijo y criarlo,
por eso no lo tienen.
Son cobardes para abortar un hijo una vez concebido
y por eso lo paren.
La gente es muy cobarde
y en impotencia
somatiza.
Cierro los ojos.
Siento miedo de volver a estar ahí:
Donde mi padre nunca estaba en casa
por irse a trabajar,
donde mi madre nunca estaba en casa
por irse a trabajar.
¿Dónde se inicia la idea de que un padre regala vida?
¿La vida es un regalo?
¡Abro los ojos!

Musk Grain

Mira los jardines que yo veo:
Esa joven lozana está comiendo una naranja,
el jugo que se escurre,
¡Qué remedio!
el vestido se le mancha.

Mira ese lago que yo veo:
Hay un hombre sin camisa
remando en su bote pequeño
va remando sueños,
sueña que se marcha.

Ella se quita el vestido y se tumba,
entre los naranjos se siente extasiada,
hay olor a flores y hierbas mojadas.
Un ciervo se asoma a beber el agua
del lago donde el hombre remaba.

Él ahora se zambulle y nada,
llega a la orilla, el ciervo se espanta,
la muchacha se asusta y se cubre.
Lo mira con los ojos temblorosos;
Él le da la espalda.

¡Vístase! Disculpe que la incordie.
¡Nada! ¡Nada! Ya está.
Él se escurre hacia el suelo como jugo,
¡Que remedio!
¡Ella también le observaba!

Que las flores cuando se florecen
empiezan a morir, eso ya sabes.
Ungimos de concreto por destilarlas,
Patrick Suskind se pensó ese cuento,
delicioso el hecho de untarte almizcle
por el cuerpo, ser el frasco que te guarda.

Masters y Johnson

Mírame aquí,
léeme,
ve bajando,
lee la humedad
que me dispone
hacia tus ojos,
el calor que fluye.
Léeme con fuerza
así, con más fuerza,
Y detente.
Empieza otra vez,
porque...

.
.
.
.
.

Si sigues leyendo
me acabo.

La Antigloria

Y dime, qué hago con mi hambre que es solamente mía,
que nadie me la sacia porque es mía y sólo a mí
es a quien quiere comer mi hambre.

Me miro al espejo placentera y convulsa,
y no sé quién es a quien miro,
si soy yo o el tigre que pasea en el laberinto de espejos de Georgi,

O soy Pascal que caigo en un libro gordo como la pierna de alguien,
de letras horteras, doradas y hermosas como la españa profunda,
donde hay docenas de hombrecillos persiguiendo a la fama

y la fama se ríe de sus narices rojas,
yo también me río y entonces revoto en las páginas
y me elevo de espaldas y aterrizo en la silla maciza
de un escritor hediondo que está condenado a su escritorio a leer,

a leer, a leer, a leer y nadie más le oye, pero yo sí le oigo,
cuál placer entonces y otra vez convulsa me atrevo a exhumar
el organismo llamado amor que alguna vez matamos juntos,

y le electrizo, lo convierto en monstruo que vuelve a engullirme
todo constelado, excelso y sublime.

Grito porque sólo creo en mi grito
y voy a agotar como Camus el ámbito de lo posible.

Lo voy a estrujar hasta que no pueda aguantar liberar el quejido,
el gemir, gemir, gemir al que está condenado mi hambre.

Maullamos

Mi médula se dobla en el centro de mis huesos,
sólo por ser cóncava y cobriza
y que entres a mí como un misterio.

Los gatos de los que alguna vez fui súbdita
me han enseñado a hacerlo,
a quedarme en tu regazo para recibir caricias,
a ladearme elegante al ir por los tejados
y volver hacia tus pies a alimentarme.

Puedes ya olvidarte de mí entre tus problemas rutinarios,
el trabajo, los amigos.

Yo estaré paseando por los páramos del sueño
o saltando a tu escritorio a mimarte,
o esperándote en la cama de tu cuarto, en el que hay eco
y te estremeces al encuentro del calor de mi silueta.

Pasan las estrellas circundantes y cierro los ojos
al nervio que me purga y voy cómo paseándome
en un tapial de enredaderas y me elevo,

tú también te vuelves felino y maullamos el verbo,
el verbo, el verbo, el verbo.

Corona de los Palacios

Me asomo a tu amor como a una ventana
de una torre muy alta, sabes,
no puedo más que observar.

Tengo miedo de caerme a eso que no veo.
No puedo concebirme triste,
no puedo concebirme derrotada,
soy todo lo que quiero conservar.

Me acerco a tus besos como tomando un regalo,
eres tú quien quiere ser besado,
no soy yo, a mí regalar besos me agota.

Shah Jahan a edificado todo su esplendor de amor
en un monumento funerario, ya no podré construir otro,
a los veinte mil obreros les han cortado las manos.

¡Un secreto! dime algún secreto,
ése que mordisqueó Miguel en la jauja,
ése por el que deseo se me echen encima los nueve círculos de Dante.

No puedo concebirme feliz,
no puedo concebirme hermosa,
me perdono a cada instante,
soy todo lo que quiero preservar.

¿Ése es el secreto que susurras Havva?
Qué me lance a la ventana abierta
cuál sí no hubiera una naturaleza de caer, arriesgar, volar.

Pues nacer y morir, se hace una a la vez, sabes,
pero se nace y se muere,
cada vez que se decide amar.

La Hora

Hace una hora completa que te espero,
en esa hora no ha resbalado tu boca
hacia mi pecho,

no han caído tus manos hacia mis caderas,
ni has bebido del lecho que te engorda,
practicando los múltiplos,
repitiendo el verbo, suplicando el mundo.

¡Hace una hora que te llamo y nada!

No respondes,
no vienes sigiloso
con tu amor de novela trillada,
de melodía antigua,
de calidez de casa.

No estás
y no quiero temblar pero tiemblo,
y no quiero creer en apegos, pienso que
tal vez nunca existías de veras, rezo.

Se me acelera el músculo aberrante
que nos mantiene vivos, peco,
grito, muerdo mis encías, no entiendo.

Me asusto,
suena alto el alarido de algún gallo turbio,
abro los ojos y jugando al monstruo cíclope:

¡Ay! los ojos tuyos.

Los pájaros oníricos

Irme, irme, irme del espacio donde circunda el aroma de tu cielo,
recoger mi alma renuente y acomodarla en el fondo de mi bolso
y mi cepillo de dientes, mi braga, la piel encrespada de mi espalda, moverme...

Tengo que irme porque existe un sistema operativo que me rige y
me aleja de tus fibras serpenteantes,
de tus acantilados altos,
tu fresca zona abisal que me contiene como un pez glauco
con el morro siempre limpiándote y tú más limpio cada vez y yo más pura,
más honda, más aguda, más corriente.

Mira, voy llegando hasta mis cosas,
están todos los semáforos en verde,
y allí atrás te quedas distante y se detiene ya el tiempo si es que existe,
ya la vida (in)consistente
que me he traído a mi existencia penitente y dulce,
para parecer consciente, humana, encajando en éste sistema
tan contrario al que nos pertenece.

Irme, irme, irme del espacio donde circunda el aroma de tu cielo,
donde los pájaros oníricos que nos despertaron ésta mañana
se levantaron de tu almohada, se subieron con el olor a café
hacia tu pelo ristretto de preceptos y se lanzaron hacia mí
por tu mirada y se me quedaron volando en el pecho,

que me tiembla de libertad, de risas
y la verdad es que me fui con mi consentimiento
y que te amo.

Y ese 'te amo', es ahora un árbol de raíces crasas,
que rompen todos mis cimientos.

Avenar tu cuerpo

Voy a avenar tu cuerpo.
Mientras
todos caen en las redes
no son nada, si no son atrapados.
Mientras
es póstuma la obra del amarse,
ahora es elegir en un catálogo.
Mientras
existe la flor y para su suerte
la abeja y a mí me sobran
los jardines.
Mientras
pocos son conscientes de 'el área pivote'
Mientras
tenga sentido amar en una sola alcoba a
Alberto Caeiro, Alexander Search,
Álvaro de Campos, Bernardo Soares,
Ricardo Reis y a Fernando.
Voy a avenar tu cuerpo.

Afilar

Hoy te vi afilar tu punta sobre mi piedra,
angular mi piedra y tu giro verde,
el cáliz que volcó la luna y el mar
que se enfermó luchando pudo verte,
te vieron las montañas tajando
las neblinas, las cimientes de los reyes,
no hay ninguna ya, no queda ni un pasado
en tu presente, me ves fuerte y aguda.
Tanto aguzar mi piedra ya se arena
tanto afilar tu acero se hizo aguja.

Mi lista de maravillas de las que aún no se sabe mucho

Los Jardines Colgantes de Babilonia,
El Paraíso, La ciudad de Varsovia, Shangri-La,
Checkpoint Charlie, La ventana azul de Malta,
La plaza Durbar de Bhaktapur, La ciudad de Palmira,
Los budas gigantes, El Tiempo, El Aleph,Tú.

Quiero visitarte más para saberte, investigarte,
quiero contemplarte más para acordarme
de cómo es que atardeces,
el sabor de tus frutos, tus bondades,
tus secretos y orígenes, cavarte.

Saber si existes sólo porque hay un universo
y me concede verte en ese instante que es el todo,
o surgiste de aquél día en que abrí la puerta
y también tuve que abrir bien los ojos
para saber si era verdad lo que veía.

Sin embargo intuyo que
también puede que existas,
porque te anoté en mi lista de maravillas
de las que aún no se sabe mucho.

Cada aurora (nos dicen) maquina maravillas capaces de torcer la más terca fortuna.

JORGE LUIS BORGES, El Ingenuo

PIEDRA V

Piedra V

Hay un vientre astuto en donde todo se gesta.
Yo sé el nombre de la gran madre y voy a revelarlo.
La madre
tiene los pechos puntudos
y el culo abultado.

No tiene ojos, pero cree ver.

No tiene oídos, pero todo lo oye
y sin lengua habla, habla, habla.

Lleva al lado un perro viejo que se llama Hambre,
el hambre come todo lo que alcanza a su paso.

¡Hijos de esa madre!
hijos de esa madre somos todos.

Algunos corremos para que el cordón se corte,
pero el cordón nos vuelve hacia atrás y duele,
las tripas duelen.

Hay muchas cosas que pasan, que no nos pasan
y otras tantas cosas que nos pasan y no se televisan.

No sabemos desprendernos del pasado,
se nos queda genéticamente impregnado en venas,
hay elementos que no se sabe por qué se heredan.

Cuando viene la hiel al garguero no eres más que un niño.
Nunca dejas de ser vulnerable.

Y ella es la que tiene la culpa, la gran madre.

Se nos dice que hay un Dios todopoderoso,
¡Mentira!

Dios es un hombre atareado
que vive firmando sentencias que ni lee,
la primera que le llega a las manos, se resuelve,
la última será la de éste mundo.

Esa clásica mentira que se repite como rezo,
es temor.

Esa mentira a la que nos gusta aferrarnos,

le llaman "Verdad".

Todos bebemos del Seno
de nuestra gran madre.

Éste cosmos, hermanos,
emergió del big bang de un órgano,
que extasiado

por fin:

¡Llenó el útero de *La Ignorancia*!

Exposé

Hoy he logrado remontar una piedra en el viento,
a veces, se me da bien lo imposible.

Hay una nube caída.

Hay Once mujeres en la Real Academia
entre quinientos miembros hombres,

nos imponen reglas del lenguaje
y hay millones de tercos repitiendo,
que el patriarcado no existe.

Hay una bruja batiendo el cobre.

Hay un gato sonriéndole
a los galgos que lo acechan
y hay un alma miedosa
de nacer en un cuerpo con vagina.

La valentía pesa,
la libertad es tan frágil
cómo un cristal de bohemia en la mano ebria.
tan frágil que se quiebra
como una ola atrapada en un hoyo de tierra.

Lo que hace a la majestuosidad del mar
es su búsqueda incesante e infinita de la huída.

El agua siempre quiere escaparse incluso de sí misma,
el movimiento de esa ola estirándose,
corriendo hacia las orillas,
un día sutil otro día furiosa, pero jamás sumisa.

Hoy he soltado una bestia
No sé qué harà,
sí investirá a alguien, sí será temerosa,
si atisbará a quienes no sean inocentes y hará justicia,
ni siquiera sé si algo será capaz de domesticarle,
y esto último es una pesadilla.

pero ya la he soltado:
Había una mujer atrapada
en un mundo que por defecto,
solía ser de varón.

ésta mujer y su historia
que ha gritado ser escrita,

es
esa bestia.

Dimensiones

Yo,
ahora hay un rostro distinto en mi yo, en mi pensar inquietante,
mis temblores tienen otra esencia, otros contrates y otras formas.

Debajo de ésta misma sonrisa
hay otra razón y otra quimera,
soy un océano con mil temperaturas y mil peces de colores.

Hay algo que me detiene en un tiempo que no existe,
como no existe el bosque sin frondosidad de árboles,
sin serpientes y sin pájaros.

Hay una escollera sobre la cual impacto.

Hay un cierto placer en el romperme entera,

cayendo en una isla con ojos de mortal que invita a refugiarme,
un organismo tan frágil como el tiempo que no sabemos si existe o no,
pero nos rige y nos habita.

Religión

Las muchachas que educan se pintan el pelo de rojo
para que todos sepamos que incendian,
sin mostrar los encendedores que guardan en el bolso.

Incendian, las veo, salen por la noche metálica y olea,
cada vez menos vestidas y entienden que

juntas estamos creando un mundo nuevo.

¡Chasquemos los dedos!

La Abuela de la Tierra viene a remontar sobre mis lomos,
porque soy el corcel amarillo que bate alas
y voy a las fiestas paganas donde todo es lumbre.

Kólob es el planeta al que llevaré a la abuela,
las Kókaubeams se mueven debajo de mis huellas
para conducirme y hay siete círculos que dar hasta la meta.

La divulgación sobre el 'amor nefando'
se hace sobre una mesa larga donde poner un billete
bajo el plato, y yo les oigo blablablando, les miro,
Y me río fuerte por si me escucha el diablo.

Podría suceder que se calle el blanco,
que se esconda el negro y no haya entonces el encanto
de sentir distinto para combatir en lo distinto
que es siempre la misma excusa para guerra.

¿Dónde está entonces la pena de lo blanco?
En la piel sin resistencia cuando efebo alumbra,
en morir temprano, en el oprobio de no saber vivir
sin servidumbre, en lo ajeno que le son los hijos.

¿Dónde está entonces la pena de lo blanco?
En la nece(si)dad de reafirmarse señalando.
En no entender que haber tenido todo tipo de consolas
es igual a estar abandonando, en no ver que 'la ignorancia'
de la tribu, es la alegría de no querer el mando.

La Abuela de la Tierra vino a remontar sobre mis lomos,
porque soy el corcel amarillo que bate alas
y llega a las fiestas paganas donde todo es lumbre,
donde mis amigos se ríen de sus propias cruces,
donde hay un pequeño dios al que amamanto.

A los hombres

No fui consciente del martillo
hasta que golpeó en el dedo,
hasta que el llanto de mi padre
hasta que el dos mil uno.

Iglesia antes que Bariloche.

El amor antes que el alcohol.

No fui consciente de mi sexo
hasta que mi cuerpo de niña
tuvo miedo de estar sentada
en el regazo de un primo.

Tuve la suerte de la religión
y creer que iba a salvarme,
tuve suerte de ver mis dibujos
en los ojos de un profesor,
mis poesías en las carpetas
que guardaba Alejandro.

Aprender a hablar en formas
no finitas del verbo,
la mano de Federico en mi frente,
Ricardo Piraccini que en su Hojarasca,
publicó mi primer verso.
Leer a Borges, tener hermanos.

Yo, pese a la repulsión,
tengo suerte al sostener lo hermoso
de amar a los hombres.

La Mujer Ardiente

Hoy he venido para hablaros
de la mujer ardiente.

Si os hablo sobre la mujer ardiente
no imaginéis una Juana
o una María de los Dolores López
oliendo a carne y a ropa en la hoguera,

dónde el humo llenaba los pulmones
de los fumadores de injusticias...

NO.

Os hablo de una mujer que ilumina
vuestros ojos,
que viene como un fénix renaciendo
de las cenizas de todos sus antepasados.

Que enciende mentes, miradas, torsos,
pieles, bocas, besos...

Yo quiero ser una mujer ardiente.

Busco hacerme agua
en tu boca.

Me hago agua,

me bebes a lengua,
a sorbos
a dientes.

Me hago carne.

Tu fuego me dora,
me debora tu hambre.

Y otra vez...

¿Tienes sed?

Me hago agua.
Me bebes a sorbos.
Me-a-gotas
A chorros
A mares.

Y otra vez
Olor a pan...
Un dólar bajo el plato,
el mantel para invitados.

La copa resultante.

El beso cordial, profano.
Mentir queda bonito.

El amor y el dinero
Tienen la obligación
de circular.

La vela que se apaga.

El deseo que golpea,
Irrumpe en la puerta:

¡Arriba las manos, tengo un alma!

Un alma que cruje
Que goza
Que ama.

Me he vestido
Para que me des
vistas.

La noche apremia.
El vino tumba.

Me despierto incómoda
El cuerpo y la sábanas pegajosas
La habitación dulcísima.

¿Qué sucede?

No fue un sueño,
no fue un sueño tu sudor en la noche,
se ha secado ésta mañana
está todo lleno de azúcar.

Regurgitar.

¡He ardido y estoy viva!

Hay muchas cosas que han pasado
últimamente,

¿Para qué
desgracias?

Para que des, ¡Gracias!

Justo

Soy el junco que reconoce tu viento.
BOLO GARCÍA

La noche, como todas las noches
se empecina en abundarme,
no puede dejar de existir en ninguno
de los días,
los días se terminan.
No sé ahora mismo dónde está
Alejandro Sanz,
o aquellos followers
que me han seguido,
y al seguirles me goshtean.
No sé porqué conozco a Bolo ahora
porqué tanto tiempo sin saberle,
no sé porqué Enrique es tan precioso
Y Pilar tiene tanta magia concebida.
Ahora son míos, parecen inventados
por mí, sí, peco en mi osadía
me amo demasiado.
Solo quiero que existan seres como ellos.
No sé porqué el elemento diez
de la tabla periódica es el Níquel.
No sé porqué mi hija ama a los coreanos,
porqué tengo a mi lado al hombre
más humano,
y soy la madre de un cielo pretencioso.
Creo en un perfecto pretérito, será eso.
Es que
ni sé porqué se cumple lo que sueño
justo
justo ahora que despierto.

La resaca y lo vivido

Viste cuando salís
Y te rompés todo
de bailar, de tomar
de vivir.
Hay personas
que nunca hicieron eso
y tampoco
amaron como yo.

Orejones

Lucía pinta con tinta
'lo que quiere que sea el mundo'

Sea en inglés es el océano,
¡Oh sea que nadamos!

Pinta un pájaro como siempre quiso hacerlo,
desde el pico, dice, con una línea entera
que lo forma completo en algo semejante
a lo que vemos como un pájaro.

Lucía pone orejones de duraznos en un frasco,
yo la miro desde abajo, me sonríe.

Es madre de mi primer amor
y es también como mi madre,
es la madre de todos.

Es una lucha entre lo que hay que ser
y lo que no, entre el mar y el campo,
entre tenerlo todo y soltarlo.

Es un todo, es un atajo de amor exorbitante,
es estadía, lleva un apellido que no es de ella
y sin embargo sus hijos también lo llevan

Parece que si sufre prefiere no decirlo
porque sabe que es perder los días
de ver las risas de sus prole y sus mascotas.

Lucía lleva el pelo corto y el andar despacio,
las manos de quien lo carga todo y no es para sí misma.

Almendra

Mi hija usa mi ropa,
y ahora me doy cuenta que soy niña.

Amasa en su universo gargantuesco
los cuentos más preciosos que nadie me ha contado,
me mira y crezco.

Hace arroz con leche y me lo sirve,
me niega un beso, porque dice que mi euforia
al besarle las mejillas le hace daño, ¡juego!

Mi hija aún no sabe que hay gente
a quién le pagan por dar sus opiniones,
ni entiende del papel que sirve de dinero,
porque me ve que lo uso para escribir poesía, ¡pienso!

Mi hija tiene una postura de reina y cree serlo,
no podría nunca convencerle nadie de lo contrario
y tampoco sabe lo que cuesta financiarle la inocencia y ¡río!

Mi hija es el ser con el que más me río
en sus vacilaciones tiene una música, un ritmo,
mueve las manos y todo es ilusiones,
está creciendo más y más y aunque no soy creyente, rezo.

Mi hija me cuenta sus secretos, yo los guardo en una jaula
y les alimento, porque ellos tienen alas,
sé que serán libres cada una de sus causas y sus anhelos,
vivirán para darles vuelo.

Tenerla es la verdad materializada
que revela que no existe el pecado cuando creas.

Mi hija usa mi ropa, me he encogido.

Antes de ser creadora de vidas no sabía nada.
¡Ahora entiendo!

Delay

Le miro, me emociono como si pudiera reconocer sus sentimientos,
dentro tiene algo muy roto digo.
Miro sus ojos, dialogo en silencio con eso
que no sé pero sostengo en lo ilegible de éste mundo,
tiene algo roto, afirmo.
Las manos lánguidas, los hombros laxos,
la frente floja como túnel abierto para mil pensamientos
que conducen a la pérdida de la identidad
que nos sostiene bajo el yugo de lo explícito y aunque absurdo,
hay un acuerdo colectivo dando el sí
en un contrato sostenible como la ley de gravedad que nos conduce
hacia el núcleo, nos caemos a las trampas bien ejecutadas,
la pereza de cambiar, la incomodidad de subyugarse a lo distinto,
imponer lo distinto, destrabar la nueva verdad
hasta que todos den vuelta las llaves a la misma bestial entrada,
no hay otro modo,
levantar la pesada mano hacia la cerradura,
descubrir que una pieza ínfima
mueve engranajes escondidos en lo hueco
y revuelve lo sutil para rajar lo colosal.
Hace tanta falta lo real, lo diminuto, la flor, la abeja, el plancton,
lo universal que pende de sus ojos.
Le miro como si fuera lo especial,
quisiera consolarle, me acerco sigilosa, entera,
sabia,
en el instante que levanta los ojos
a mirarme en la fisura elemental que oprimió el tiempo,
lo recuerdo, lloro,
es un reflejo en delay, mí mismo nombre.

FINAL DEL JUEGO

El juego

Sentado sobre la tierra suelta, el sol tirante de la siesta, mi padre lanza la del medio hacia arriba, la piedrita gira tan pero tan alto que a él le da tiempo a tomar a una de las otras y esperar a que caiga en su mano que pide al cielo y espera, ahora posee dos de ellas, nuevamente lanza las dos juntas que bailan por el aire, se pelean, discuten, se ven caer y la conciencia del miedo les dispara un ruego y ahora creen que mi padre es un dios que va a salvarles, se olvidan que son piedras, sienten, tal vez sienten creo, recuerdan a la nutria cuando las colocaba en su panza y las bañaba al sol en la tarde única, avanzan abajo, mi padre las caza, se oyen reír o el golpear entre ellas suena a algo parecido a la alegría, tiene tres piedras en la mano, como tres hijos. ¿Ves? Y así todas me dice. Ahora cuatro son lanzadas hacia arriba y las cinco piedras son las posesiones de mi padre, le sonrío, sé que es un niño grande atrapado en el sueño de alguien que soñó con que creciera, tiene el pantalón lleno de tierra, las manos llenas de tierra, yo aprendo y la tierra es mi cómplice. Tengo dos conejos de oro que me cuelgan de las orejas. La niña madre más allá perfuma el patio con prendas lavadas que tiende en la cuerda, mordidas por pinzas con caras de pato. Se acerca uno de los seres mágicos que llamo hermano, gatea hacia nosotros con un pañal blanco como luna, es graciosa sin dientes la criatura. Mi padre toma un palito pequeño de cinamomo, ese árbol que huele a paraíso y luego larga sus semillas pegajosas que atraen moscas incansables e indecentes, la ramita se vuelve un lápiz especial para dibujar sobre la tierra, mi hermano le imita con sus dedos pequeños, la otra criatura también le siente desde un más allá circundado por la luz de mi madre que le observa experimentar el vuelo de un hadita y cuida el rato. Ahora mi padre dibuja un tatetí y en uno de sus cuadros escribe una 'x' como la inicial de mi nombre y yo pongo una 'o' para pelear en contra como la sorpresa que expreso ahora, ohhhh ohhhh he ganado padre y he ganado a 'payana'. Me has enseñado para eso.

La lumbre del mundo que nos besa, la tierra del patio que se hace almohadón, el ruidito del último mate y mi cuerpo que pare a mi alma, que se extensa y se estira en éstas palabritas, llorar, llorar, tragar, llorar porque no es posible parece, no es posible aguantar tanta belleza, la escribo.

Mi nombre que empieza con X es el punto en el que cavo por hallar lo escondido, todas las piedras son preciosas.

Criaturas Mágicas

Payanas

Cuando el sol no quemaba con fuerza, dejar las huellas sobre la montaña de arena era muy relajante y divertido. Sentías que te hundías dejabas pozos o provocabas avalanchas. A veces debajo de la arena seca estaba húmedo, entonces los pies se volvían pesados y se te pegaba entre los dedos. Cerca estaban los ladrillos; y un poco más allá las piedras para construir. Era ahí donde mis dos hermanos junto a mí buscábamos piedras. "Lo más redondas que puedan encontrar" escuche decir a papá. Yo tenía la edad donde recién estás entendiendo lo que es ser responsable de algo, y qué significado tenía eso. Yo miraba desde lejos, distraído, o atento, a veces las dos cosas. Mamá colgaba ropa, para que atraparan el olor a sol, mientras nos veía jugar. Papá explicaba el juego. —Tienen que ir tirando una, la misma, e ir agarrando una de las otras. Así.— Entonces tiraba una piedra, y mientras ésta giraba en el aire, con un movimiento rápido, levantaba otra de las cuatro piedras que estaba en el suelo. —Ahora hay que levantar dos.— Era algo imposible. Tenías que ser muy rápido. Piedras. Piedras individuales, pero que permanecían juntas. A veces una se iba lejos. Pero volvía. Otra dos viajaban juntas en la palma de la mano. Otra eran tres. Otra estaban todas juntas. Otra separadas. Cinco piedras. Luego jugábamos nosotros tres e intentábamos hacer todas las combinaciones. Fracasos y triunfos. Risas. Era difícil, apenas podía tener dos piedras en la mano. Me miré las manos. Crecer, otro concepto que aún no estoy entendiendo completamente

Versión: Jonatan Ibar Walton

Payanas

Por memoria inconclusa, por el deseo curioso de llevar siempre algo en el recuerdo, me voy al pasado, sobre imágenes claramente borrosas. Momentos vividos, que comparto con los míos, mi hermana y mi hermano, recuerdo de niño.

Mi viejo junto a nosotros sentados en el patio con sus manos sostenía las piedras que había encontrado, nos había reunido para ese día enseñarnos el juego que su memoria de niño había guardado. Payana, juego nuestro, juego mío y de mis hermanos, que el recuerdo de aquel niño, que un día convertido en padre, nos regalaba con su asombro, risa de infancia feliz junto a los míos.

Versión: Cristian Joel Walton

Lo Sencillo

No puedo escribir la sencillez
y eso me agota,
no puedo hablar de tu boca
sin decir tu aliento de cereza,
las noches humeantes,
la gente condenada a la rutina
(ruta corta y fácil)
van y vienen por obtener,
tener, tener...
y no te tienen.

Quiero decir de la sencillez lo fácil,
pero el color no para de acosarme
con sus tentáculos alternos.
Me hace consciente de la esfera
en donde vivo, toda llena de texturas,
cielos donde viajan los humanos
en pájaros de hierro.

Me esmero por traducir lo simple
pero tus pupilas se hinchan al mirarme
y todas, todas las malditas veces
que disimulo la sonrisa
para que nadie note 'lo increíble',
el carey que las conforma
me están viendo.

¡No puedo!
No puedo describir
lo fácil de éste Edén esmerilado
que me encierra en una balsa
en movimiento,
que antes fue funda de savia
y estando vivo, dejó cortarse el cerezo,
porque había crecido para ser viajero.

No romantizo lo que escribe Descartes
en El Método:
La sangre que se enrarece del corazón
a las arterias que templa los órganos
para volver a enrarecerse y circulante
sube a dejarme los labios
calientes para el beso.
Esa es la natura que nos ciñe.

Y ahora que ya te hablé de lo sencillo,
cuando disimule el universo
(porque me abarca hasta romperme el aliento)
no te agobies, tal vez tú
puedas instruirme en lo complejo.

ÍNDICE

PIEDRA III

PIEDRA IV

PIEDRA V

FINAL DEL JUEGO

Esta obra
se acabó de imprimir
con los auspicios de
Charo Fierro y
Antonio J. Huerga, editores

FINIS CORONAT OPUS